Les Sublimes d'Alsace
Eloge des femmes cépages

Dan STEFFAN / Albert STRICKLER

Éditions du Tourneciel

Dépôt légal 3e trimestre 2014 - ISBN 978-2-9542493-5-3.

Imprimé par CONSORZIO AGE - ARTI GRAFICHE EUROPA.

Maquette : Olivier KLENCKLEN - - www.regardgraphiste.com

Typographies des titres : Harrington & Fengardo par Loïc Sander - licence Creative Commons Paternité – Pas de Modification 3.0.

Typographie des textes : Cochin par Nicolas Cochin - Copyright (c) 1981 Linotype AG and/or its subsidiaries.

Photographie : Page 10-11, Hopscotch (modifiée) by Waka Jawaka - Magic Studio Learning - Creative Commons Attribution licence.

Les Sublimes d'Alsace

Eloge des femmes cépages

Dan STEFFAN / Albert STRICKLER
dessins / textes

Éditions du Tourneciel

Lorsque à six ans, j'ai appris mes premiers mots de français, la phrase qui m'a touchée jusqu'à l'émerveillement est celle-ci : « la vigne fleurit ». Je la regardais, je la disais à voix basse, à voix haute, je la répétais jusqu'à l'enivrement. Je trouvais que ces mots contenaient de la joie, qu'ils étaient annonciateurs de printemps et de bienfaits. J'éprouve le même plaisir à parcourir ce livre, à le tenir, à m'arrêter aux mots, aux dessins, à la mise en page qui suit les courbes rondes de la femme et de la grappe.

Aimons le poète jusqu'à la lie car il nous aide à célébrer la vie. C'est cette divine aptitude qui habite Albert Strickler. Il faut être à fleur de peau, à fleur de vigne pour faire naître de soi ces colliers de mots sensuels. Le poète avance, porté par des semelles de vent, tous sens ouverts, pour nous faire saisir l'essentiel. Sa plume, vibrante et toujours dans la justesse, décoche frissons et caresses. C'est une grâce de faire aller à l'essentiel.

Le poète célèbre la vie. La vigne célèbre également la vie, elle qui peigne le paysage en raies bouclées, en courbes de femmes allongées. Le raisin qu'elle enfante donne du corps à la terre. Le jus qui en coule devient vin. Il contient des trames de femmes pour qui sait le humer. Le vin fait naître des émotions que le poète et l'artiste ici restituent. Le vin est capable de petits miracles sur nos palais. Les mots, les images sont capables de petits miracles sur nos mémoires vives et ancestrales.

Le poète ne vit pas seulement d'eau fraîche. Il lui faut aimer la matière pour être capable de décrire les petits riens somptueux. Lorsque Albert Strickler fut l'invité de l'émission « Sür un Siess », il parla avec amour des saveurs de son enfance et du sel de sa vie. Il parla avec autant d'amour des vins. Et j'ignorais alors, au printemps 2006, que la vigne se déliait en lui, en gestation invisible, que les cépages y dessinaient leurs lignes féminines.

J'ai rencontré Dan Steffan l'été de la même année, également par le biais de « Sür un Siess », mais cette fois par le truchement du livre qui réunissait toutes les recettes déclinées par la série télévisée que j'ai produite et présentée pendant 13 ans. Le livre gastronomique était illustré par des artistes d'art contemporain, dont Dan Steffan. C'est là que j'ai fait connaissance avec son univers de femmes contemplatives, interrogatives, à la fois pudiques et canailles, à la fois sucrées et acidulées. « Elles se demandent ce qui va leur arriver », me disait-elle alors. La même interrogation les porte en cet ouvrage. A la différence qu'ici elles ont succombé à l'appel de la treille mais que tous les possibles restent encore à portée de main et de lèvres.

Je ne savais pas en 2006 que le poète et l'artiste se connaissaient et j'étais loin d'imaginer qu'un jour les inspirations qui mûrissaient en eux feraient naître ce recueil. Depuis ma rencontre avec le poète et la plasticienne jusqu'à la naissance de ce recueil, je trouve que la boucle s'est rondement bouclée, à l'image d'une baie de raisin.

« Ta femme est comme une vigne féconde », dit un psaume de la bible. La vigne est comme une femme féconde, a-t-on envie d'ajouter en refermant ce livre. Croquez ses grappes car elles contiennent la vie. Elles célèbrent la vie.

Simone MORGENTHALER

LES SUBLIMES D'ALSACE

La femme Riesling

Quand je t'ai qualifiée de femme Riesling, tu m'as interrogé, perplexe.
La formule pourtant, à mon sens, était juste. Encore fallait-il l'expliquer,
car tu ne t'en contenterais pas telle quelle.
J'avais quelque mal à décrire celui que je vénère comme le seigneur
de nos vins en précisant en quoi la noblesse que je lui attribue est
également la tienne.
Je veux dire un vin ni tape au nez, ni tape au palais ; un vin
qui ne se donne pas comme ça de prime abord au premier
venu, auquel il se livrerait de surcroît d'emblée tout entier.
Ni un vin flatteur, exubérant à l'extrême, ni un vin
bavard à l'opulence racoleuse, mais un vin silencieux
d'abord, retenu, discret, secret presque, avant de se
confier progressivement; un vin qui ne déploie ses trésors de
délicatesse et de puissance qu'en se ramifiant lentement pour
ajouter à chaque gorgée une nouvelle nuance à l'éventail de
ses surprises.
Un vin de classe, de race, qui aurait la droiture de ton âme et
la fermeté de tes fesses.
Un vin de muscles et de nerfs aux accents mâles de violoncelle et
au fruité aérien de clarinette.
Un vin qui aurait à la fois en bouche le feu humide de ta langue et
la brûlante fraîcheur d'une étoile.

La femme Muscat

La femme Muscat a la peau qui craque sous les dents quand on la croque. On peut la prendre autant qu'on veut, sa chair garde la fraîcheur virginale de la première fois. La verdeur qu'elle exhale est celle de la chlorophylle qu'on délivre en mâchant une tige d'herbe en avril. Elle a d'ailleurs aussi le parfum subtil et la grâce aérienne d'une tulipe des vignes qui lève son calice au-dessus du mouron des oiseaux et du… muscari, cette fleur insolemment phallique dont le gland grenu s'apparente à s'y méprendre à celui d'une petite asperge bleue, avec laquelle la femme Muscat s'acoquine volontiers le beau mois de mai venu.

Jemme Muscat

La femme Sylvaner

Si elle passe un peu pour la Cendrillon de la famille, la femme Sylvaner aurait aussi pu en être la Blanche-Neige. Moi, je l'aime en Belle au bois dormant ! Celle que le baiser d'un Prince Charmant a tiré du sommeil de l'oubli en donnant à ses lèvres le goût des... nôtres ; et... à nous, celui des siennes !

D'autant plus raffinée qu'elle est simple et d'une élégance d'autant plus discrète qu'elle est naturelle, elle est l'écolière qui aurait fait l'apprentissage de son corps en coupant ses couettes.

Car la femme Sylvaner a une jeunesse qu'elle reconquiert chaque jour en sautant à la marelle jusqu'au ciel.

Et si à force de s'entendre dire qu'elle s'accommode de tout, et de tous, elle s'est habituée à l'idée de vieillir et a fini par prendre goût même à la vendange tardive, c'est en primesautière que je la préfère : jeune fille éternelle qui saute à la corde en dévoilant furtivement sa petite culotte de nymphette malgré elle.

Femme Pinot Gris

LES SUBLIMES D'ALSACE

La femme Pinot Gris

Faut-il se plaindre ou se réjouir de ne plus avoir le droit de parler de Tokay chez nous ? En tout cas, l'accoler à « femme » suggérait bien des choses et surtout à l'oral. « Peu flatteur », diront certains. « Encore que », leur rétorquera-t-on, non sans mystère ! « Toquée », dont le synonyme « timbrée » renvoie par ailleurs à un affranchissement ambigu lui aussi, eût pourtant permis d'ouvrir de belles pistes. Mais brisons là pour nous en tenir à la seule appellation – pas forcément contrôlée ! - désormais en vigueur.

La femme Pinot Gris donc ! Où se pose d'emblée la question de l'adjectif « gris », tant il jure à l'évidence avec la chatoyante robe du vin, laquelle n'a, bien sûr, absolument rien de terne. Bien au contraire, puisque les deux – le vin et la femme qui porte son nom – aiment nous faire partager leur velours et leurs épices sans la moindre cachotterie. Entre le petit bois sec qui se réjouit de flamber et l'or moelleux de la lumière d'octobre, la femme Pinot Gris offre son corps de miel dans un corset - corsé – dont il suffit de dénouer les lanières avec la bouche pour en révéler un charnu somptueux et aussi enivrant que le laisse finalement entendre l'acception la plus « grisante » de son nom.

La femme Pinot Noir

A la manière de l'impératrice Poppée qui aimait se prélasser chaque jour dans du lait d'ânesse, la femme Pinot Noir se plaît à macérer, alanguie, dans des bains de fruits rouges.

Et si cette immersion lui vaut a priori son humeur sanguine, elle explique sans doute aussi sa promptitude à changer de teint, même si du rose qui révèle un rien d'impudeur au pourpre qui trahit la passion, tout n'est qu'une question de nuances, dont l'éventail lui servirait en même temps de paravent.

Entre le coquelicot qui dodeline au vent et la pivoine qui vire au paroxysme de son cramoisi - son rouge cruenté est alors celui de la vulve à vif sous le fouet du plaisir – la femme Pinot Noir s'effarouche tantôt en vierge et tantôt s'offre en fille de joie.

Plutôt simple, elle peut devenir compliquée, voire nourrir un complexe de supériorité, quand elle a grandi dans un berceau de chêne. L'apprivoisement se révèle alors un peu plus long, mais le charme en est accru. Seule précaution à prendre : veiller à ce que ces nouveaux méandres ne conduisent pas à la chambre des voluptés, sous la charpente sublime de laquelle se scellent parfois des noces de sang !

Femme Pinot Noir

La femme Pinot Blanc

Pas plus qu'elle ne méprise la femme Sylvaner, la femme Pinot Blanc ne jalouse la femme Riesling. Elle marche simplement entre les deux, mais en allant au rythme de sa propre vie amoureuse.

Le blanc dont on l'affuble ne renvoie ni à la « non-consommable » ni à la robe de la mariée qu'on constelle de riz sur le parvis de l'église.

Légère, guillerette et lumineuse, elle ne foule pas la terre ; elle l'effleure à peine. En quoi elle me rappelle presque toujours la cueilleuse de mimosa de René Char ; fille dont la rencontre est odorante parce que ses « bras se sont occupés durant la journée aux fragiles branches. Pareille à une lampe dont l'auréole de clarté serait le parfum… ».

Tout est dit, sauf que notre femme Pinot Blanc, ce sont des brindilles de brise fraîche, le duvet épars de sa jeunesse, qu'elle ramasse chemin faisant.

Vannière de plaisirs plus subtils
qu'il n'y paraît et ouverte
aussi, quoi qu'on en dise,
aux jeux épicés de
courtisane plus mûre,
j'aime l'imaginer en
vierge folle. Celle
qu'on croiserait en
plein jour avec la
minuscule lampe à huile
d'une perle à la recherche
de… son huître !

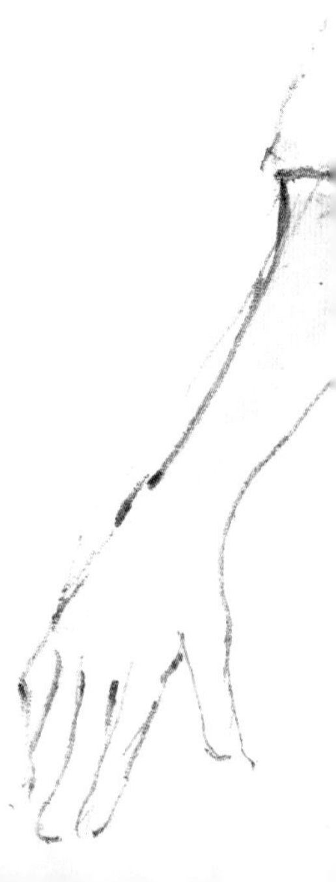

La femme Gewurztraminer

Question préalable : aurait-il fallu la garder pour la bonne bouche, autrement dit pour le dessert ou, au contraire, l'inviter à table en fonction d'un élan plus secret, à l'instar de celui qui pousse un prince polygame à faire chercher dans son harem l'élue qu'il juge seule digne de partager sa couche au moment de son envie ?

Là, je compris d'emblée que l'élue du sérail était une femme Gewurztraminer ! Sa gorge débordante hélait en fragrances de coings et de roses torréfiées par le soleil. Sa lumière de cire mordorée se languissait en mirage d'odalisque sur un banc d'école en été. Traîtreusement lascive, elle m'inspira aussitôt un puissant désir de miel sombre et d'épices capiteuses.

De même, aussi légère qu'elle s'employât à paraître, son opulence m'apparut sur-le-champ, à la façon dont j'eusse deviné les formes généreuses d'un corps à travers une robe diaphane.

Prêt à y goûter sans souci de modération et la tête embrumée par un alcool plus enivrant que le fameux verre de trop, j'allai même vite un peu plus loin en imaginant des dessous affriolants sous une armature de crinoline. Mais une bouffée de vent tiède qui retroussa soudain sa robe me révéla ma méprise : elle était nue sous les diaprures d'un tulle somptueux déchiré par les griffes du plus lacérant des désirs.

Gewürztraminer

La femme Klevener de Heiligenstein

Ça sonne comme un nom à particule ! Du tout ! La belle ne doit ses lettres de noblesse qu'à sa seule rareté qui la rend précieuse entre toutes.

Sa rencontre me valut un coup de foudre aussi vite commué en fiançailles que celles-ci en noces ! A vrai dire, le village qui m'accorda spontanément sa main m'offrit aussi sur-le-champ une dot si somptueuse que j'en demeure encore riche aujourd'hui. Qu'on y songe ! Le délicat oriel d'un château y côtoyait une source rendant la vue aux aveugles. Un écusson cousu d'hirondelles servait de frontispice à un beau livre de légendes, dont le héros était un certain Ehrhard Wantz et son trésor, le Savagnin, que les autochtones vénèrent depuis 1741 comme une relique vivante.

Mais revenons à notre femme Klevener ! La longueur de notre premier baiser augura à merveille de celle de notre état de grâce. Et celui-ci dura au point que je finis par lui vouer une passion quasi exclusive. Elle resta, oui, longtemps la seule et non une parmi d'autres, et bien que la plupart de celles qui la jalousaient s'empressèrent d'en dénoncer le caractère versatile, si ce n'est caméléon, tant sa principale virtuosité paraissait à leurs yeux résider dans l'art de s'accaparer l'essentiel de leurs propres qualités.

Etait-ce un défaut ? Peut-être. Toujours est-il que je n'y trouvai que des avantages. Je la rencontrai unique ; je la découvris multiple ! Et peu m'importait dès lors qu'elle empruntât aux unes la pêche ou l'abricot, et aux autres la pomme ou quelque fleur blanche. Elle était suavement fruitée, et j'en goûtai toutes les nuances. Mais ce que j'aimais avant tout, c'était l'impression permanente qu'elle donnait de revenir de vacances en raison de son teint d'or chaud et d'ambre velouté.

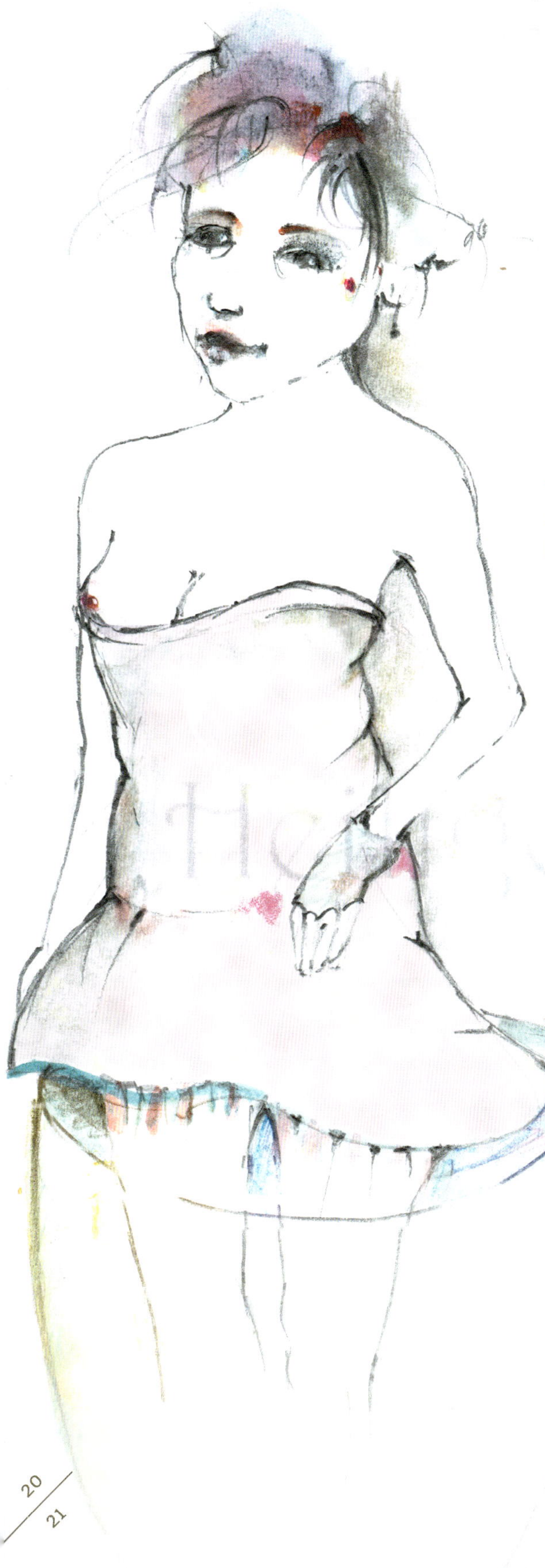

De même quelle semblait avoir une prédilection pour les couches de foin, dont elle gardait l'odeur tiède en filigrane dans sa peau soyeuse.

Aussi gourmande que suscitant la gourmandise, elle modulait elle-même l'appétit qu'elle inspirait. Et si sa gorge se prêtait à l'envi à l'ordalie du bouton d'or, elle vous invitait presque aussitôt à étendre au corps entier le jeu beurré des reflets tremblant comme des ombres de graminées.

Femme Crémant

La femme Crémant

Elle adore se faire mousser !

Sans complexe aucun, la femme Crémant revendique de prime abord sa jouissive légèreté.

Car si elle aime jouer à cache-cache avec son rideau de bulles, elle se plaît aussi à en écarter rapidement les persiennes d'or liquide pour vous vaporiser de ses embruns un rien acides.

Ce sont là ses premières caresses. Pétulante et pétillante, elle vous les verse en acompte d'une fraîcheur qu'elle promet permanente.

Sirène qui habite aussi bien un aquarium de pollen qu'un globe de neige, elle vous fait tourner la tête à se déhancher en hippocampe comme… un derviche tourneur.

Mais la femme Crémant reste avant tout la femme de la fête ! Celle qui vous invite à communier avec elle moyennant des baisers qu'elle glisse dans votre bouche comme des hosties effervescentes qui s'y épanouissent en une succession de bouquets de feu d'artifice.

Présentation des auteurs

Dan STEFFAN

EXPOSITIONS PERSONNELLES

France, Suisse, Allemagne, Italie, Croatie, Hongrie, Estonie, Belgique, Lituanie.

LIENS

www.dansteffan.fr
www.galerienicolebuck.net
www.galerie-laventure.com
www.editionsbucciali.com
www.dhaudrecy-art-gallery.com

JULIEN BEALU

La Promenade, moyen métrage 26 mn.
Dan fait le saut en bas de chez nous, Moyen métrage.

FOIRES D'ART CONTEMPORAIN

Art Basel, Bâle CH
Art Karlsruhe
St'Art, Strasbourg
Affordable, Bruxelles
Liénart, Gand
Art Paris, secteur édition.

COLLECTIONS

Fnac, Fonds National d'art contemporain, Paris.
Frac Alsace, Fonds régional d'art contemporain, Sélestat.
Association Art de Haute Alsace, Mulhouse.
Regierungspräsidien, Fribourg, Allemagne.
Villes de : Colmar - Strasbourg - Roubaix - Gernsbach, Allemagne - Györ, Hongrie - Tallin, Estonie.
Collections privées en France et à l'étranger.

Albert STRICKLER

POÈMES

Graphologie des Horloges, 1983
L'Etabli musical, 1984, La Nuée Bleue
La Voix lactée suivie de La Sève des Métamorphoses, 1988, L'Encrier
Vigilance Eblouie, 1990, La Bartavelle
Effleurante fertilité suivie de Saisons à Andlau, 1993, Ancrier Editeur
Dans l'ogive d'une larme, 1995, BF Editions
Eloge des semaines, 1998
Le brûlis du cœur, 1998, Ed. Pierron
À celle qui est venue, 2003, Ed. Pierron
Lettre à Jean-Paul de Dadelsen, 2007, Editions Petites Vagues

JOURNAL

Comme un roseau de lumière, 1994
De feuilles mortes et d'étourneaux, 1995, La Bartavelle
Des sillons dans la neige, 1995, BF Editions
Il a plu sur les cerises, 1995, Ed. Pierron
Le cœur saxifrage, 1999, Ed. Pierron
Au-dessus du brouillard, 2009, Editions des Vanneaux
Le Bréviaire de l'écureuil, 2010, Editions des Vanneaux
La Traversée des éphémères, 2011, Editions Petites Vagues
Hors Je, 2012, Le Tourneciel
Les andains de la joie, 2013, Le Tourneciel
Pour quelques becquées de lumière, 2014, Le Tourneciel

EN COLLABORATION

Avec Gilbert Mosser : *Mon cœur est une étoile* ; *Lettres sur le chemin de Compostelle*, 1991
Avec Rolf Ball : *Peins-moi un poème*, 1996, Sésame
Avec Patrice Thébault : *Passions*, 1998, Ed. Pierron
Avec Colette Ottmann : *Le Tourneciel*, 2005, Petites Vagues
L'Homme qui marche, 2008, Petites Vagues
Avec Sylvie Lander : *Au souffle de l'ange*, 2006, Petites Vagues
Avec Benjamin : *Le Voyage de l'arbre*, 2007, Petites Vagues
Avec Dan Steffan : *La lumière la mort*, 2013, Le Tourneciel
Avec Gérard Houver (peintures), Paul Badin (textes) et Colette Ottmann (calligraphies) : *Voici l'Homme*, 2014, Le Tourneciel

ESSAI

Gérard Brand, une vie en mosaïque. Voyage vers la transparence, 2011, Petites Vagues.